BEI GRIN MACHT SICH IHR
WISSEN BEZAHLT

- Wir veröffentlichen Ihre Hausarbeit,
  Bachelor- und Masterarbeit

- Ihr eigenes eBook und Buch -
  weltweit in allen wichtigen Shops

- Verdienen Sie an jedem Verkauf

Jetzt bei www.GRIN.com hochladen
und kostenlos publizieren

Personalmanagement. Schlüsselqualifikationen für Führungskräfte

Eine Fallaufgabe zur Personalführung und -entwicklung

Bibliografische Information der Deutschen Nationalbibliothek:

Die Deutsche Nationalbibliothek verzeichnet diese Publikation in der Deutschen Nationalbibliografie; detaillierte bibliografische Daten sind im Internet über http://dnb.d-nb.de abrufbar.

ISBN: 9783346248077
Dieses Buch ist auch als E-Book erhältlich.

Druck und Bindung: Books on Demand GmbH, Norderstedt Germany
Gedruckt auf säurefreiem Papier aus verantwortungsvollen Quellen

Das vorliegende Werk wurde sorgfältig erarbeitet. Dennoch übernehmen Autoren und Verlag für die Richtigkeit von Angaben, Hinweisen, Links und Ratschlägen sowie eventuelle Druckfehler keine Haftung.

Das Buch bei GRIN: https://www.grin.com/document/907716

Inhaltsverzeichnis

1 Vision und Leitbild

1.1 Strategische Ziele der AOK Niedersachsen

Um die regionale Marktführerschaft im Geschäftsfeld der Gesundheitsberatung für sowohl Organisationen als auch Einzelpersonen sicherzustellen und auszubauen verfolgt die AOK Niedersachsen vier strategische Ziele, welche nachfolgend näher erläutert werden.

Ziel 1 - Stärkung der sozialen Sicherheit, Versorgungsgewährleistung und Solidaritätsprinzip: Gemäß dem Leitbild setzt die AOK auf nachhaltige Gesundheitsberatung, welche die Prävention und Förderung der Gesundheit zum zentralen Ziel hat. Die AOK fühlt sich für die Gesundheit der Gesellschaft verantwortlich und dem Prinzip der Solidarität verpflichtet. Die AOK hat sich zum Ziel gesetzt, ein Experte in der Präventions- und Gesundheitsberatung zu sein.

Ziel 2 - Mitarbeiterzufriedenheit durch Personalentwicklung, -führung und Motivation (Employer Branding): Durch betriebliches internes Gesundheitsmanagement hat sich die AOK „gesunde Mitarbeiter" zum Ziel gesetzt. Durch entsprechende Personalentwicklungs-maßnahmen möchte die AOK die Mitarbeitermotivation, deren Erfolg und deren Leistung fördern. Das Ziel der Etablierung eines guten Betriebsklimas wird forciert durch den Fokus auf Kooperation, Kollaboration und die Vermittlung einer guten Vertrauensbasis und gegenseitigen Respektes.

Ziel 3 - Etablierung von Leistungsstärke und Service: Kompetenzschaffung ist ein zentrales strategisches Thema für die AOK. Kompetente Mitarbeiter können gegenüber den Kunden leistungsstark auftreten. Dies wird durch kontinuierliche Aus-, Fort- und Weiterbildung ermöglicht und die Etablierung einer Lernkultur stützt dieses strategische Ziel. Durch Investition in das Humankapital zielt die AOK auf die Stärkung der Bindung der Mitarbeiter an das Unternehmen ab. Durch geringe Fluktuation kann das Kompetenz- und Erfahrungspotenzial im Betrieb gehalten werden.

Ziel 4 - Sicherstellung der Qualität in der Beratung: Die AOK fördert die Wissensvermittlung und Fortbildung durch Praxisbezug. Mit dem Ziel des Bezugs zur Praxis können Effizienz, Qualität und Wirtschaftlichkeit garantiert werden. Die AOK setzt auf erfahrene praxisorientierte Mitarbeiter um die Qualität in der Beratung sicherzustellen, welche ein strategisches Hauptziel der AOK darstellt (vgl. AOK Niedersachsen, 2016).

1.2 Personalentwicklungsmaßnahmen

Nachfolgend werden drei Personalentwicklungsmaßnahmen aufgeführt, welche im Einklang mit den strategischen Zielen der AOK Niedersachsen stehen. Diese vorgeschlagenen Maßnahmen ergeben sich aus der strategischen Ausrichtung (siehe Punkt 1.1) und zielen darauf ab, die Vision umzusetzen.

Maßnahme 1 - „Etablierung eines fachlichen Schulungsprogrammes zur Kompetenzerhaltung und -ausbildung": Durch die nachhaltige Ausbildung der Kompetenz der Mitarbeiter kann das strategische Ziel der Beratungsqualität sichergestellt werden, und somit ein leistungsstarker und serviceorientierter Partner in der Gesundheitsberatung zu sein. Weiter-, Fort- und Ausbildung zielen darauf ab, Wissen zu vermitteln, Kenntnisse, Fähigkeiten, Fertigkeiten und Qualifikationen der Mitarbeiter zu festigen, auszubilden bzw. zu erweitern. Durch die Etablierung eines umfassenden Schulungsprogrammes innerhalb unterschiedlichen Unternehmensbereichen kann die Kompetenz der Mitarbeiter gebildet werden. Das breitgefächerte Schulungsprogramm umfasst Grundbildung, Anpassungs- bzw. Weiterentwicklung oder Umschulung. Die Stärkung der Kompetenzen der Mitarbeiter wirkt sich positiv auf das Unternehmensziel der Marktführerschaft in der Gesundheits-beratung aus.

Maßnahme 2 - „Schaffung attraktiver Arbeitsbedingungen zum Erhalt und zur sukzessiven Steigerung der Mitarbeiterzufriedenheit": Durch die Umsetzung eines internen betrieblichen Gesundheitsmanagements kann die Arbeitsplatzattraktivität gesteigert werden. Spezifische Maßnahmen sind beispielsweise die Einführung einer gesunden Mitarbeiterkantine oder flexibler Arbeitszeiten, die Sicherstellung der Vereinbarkeit von Familie und Beruf, die Umsetzung eines attraktiven Sportangebotes, ergonomischer Arbeitsplätze oder betriebsinterner Gesundheits-Vorsorgeuntersuchungen. Ein positives Arbeitsumfeld fördert das Wohlgefühl und die Motivation. Ein positives internes Betriebsumfeld fördert auch nach außen die Arbeitgeberattraktivität und das Image der AOK. Das betriebsinterne Auftreten eines gesunden Unternehmens ermöglicht das externe Auftreten als ein „gesundes

Vorbild" und fördert das Umsetzen des Zieles der gesellschaftlichen Verantwortung in Bezug auf Gesundheit.

Maßnahme 3 – „Einführung von internen Verhaltensregeln (code of conduct)": Durch die gemeinsame Ausarbeitung von betriebsinternen Verhaltensregeln kann der Umgang der Mitarbeiter innerhalb des Betriebes positiv gefördert werden. Mögliche Verhaltensregeln, welche etabliert werden können, sind beispielsweise Offenheit, wertschätzende Kommunikation, starke Kollaboration oder Teamfokus. Ein positives Umfeld fördert das Vertrauen, den gegenseitigen Respekt und schafft eine motivierende, konfliktfreie Umgebung. Durch diese Maßnahme kann dem strategischen Ziel der Mitarbeiterzufriedenheit Rechnung getragen werden. Werte, Ideale und Führungsgrundsätze prägen den Umgang der Mitarbeiter im Unternehmen. Ein gemeinsames, der Firmenphilosophie entsprechendes, Auftreten gegenüber den Kunden prägt auch nachhaltig das Kundenverhältnis positiv. (vgl. Mundt-Neugebauer, 2016, S. 16ff.)

2 Schlüsselqualifikationen für Führungskräfte

2.1 Schlüsselqualifikationen

Die Schlüsselqualifikationen einer Führungskraft umfassen Fach-, Methoden-, Sozial- und strategische Kompetenz. Des Weiteren bedarf es an Persönlichkeit und Authentizität (vgl. Cesarz et al., 2015, S. 83ff). In Abbildung 2.1 sind die Schlüsselkompetenzen gelistet und entsprechende Passagen aus der Stellenanzeige, welche diese belegen, aufgeführt. Anschließend folgt eine nähere Beschreibung und Erklärung.

Schlüsselkompetenz	Auszug aus einer Stellenanzeige
Methoden-kompetenz	Verantwortung für die strategische Unternehmensplanung; Übergreifende Koordination und Steuerung der eigenen Fertigung; Optimierung der Unternehmensprozesse;
Fachkompetenz	Gute Produkt- und Marktkenntnisse sowie entsprechendes Marketingverständnis; Gute kaufmännische/betriebswirtschaftliche Kenntnisse;
Sozialkompetenz	Führung der Mitarbeiter; Führung, Coaching und Weiterentwicklung der Mitarbeiter; Führungsqualitäten, Motivationsgeschick, Teamgeist; Kommunikationsstärke;
Strategische Kompetenz	Verantwortung für die strategische Unternehmensplanung; Strategische Optimierung, Koordination und Ausbau des Vertriebsnetzes;
Persönlichkeit und Authentizität	Souveränes Auftreten; Flexibilität; ausgeprägtes Maß an Dynamik und Zielstrebigkeit;

Abb. 2.1: Schlüsselqualifikationen einer Stellenanzeige (eig. Darstellung)

Die Methodenkompetenz bezieht sich auf die Fähigkeit zur Bewältigung der Aufgaben mittels methodischen Verfahrensweisen. Diese umfassen beispielsweise die Planung und Strukturierung, das Lösen von Problemen und das Treffen von Entscheidungen (vgl. Cesarz et al., 2015, S. 5f.). Zur Bewältigung der ausgeschriebenen Position bedarf es beispielsweise der Kompetenz der strategischen Unternehmensplanung, der übergreifenden Koordination und Steuerung der eigenen Fertigung oder der Optimierung der Unternehmensprozesse. Fachkompetenz umschließt die Kenntnisse und Fertigkeiten zur Handhabung der fachlichen Anforderungen. Die Fachkompetenz umfasst alle fachlichen Kenntnisse und Fertigkeiten um fachspezifische Aufgaben und Tätigkeiten wahrnehmen zu können (vgl. Cesarz et al., 2015, S. 5). Für die Wahrnehmung der ausgeschriebenen Stelle bedarf es an guten Produkt- und Marktkenntnissen, Marketingverständnis und guter kaufmännischer und betriebswirtschaftlicher Kenntnisse.

Der positive Umgang mit Personen und die Etablierung positiver zwischenmenschlichen Beziehungen ist Teil der Sozialkompetenz (vgl. Cesarz et al., 2015, S. 6ff.). Dies spiegelt sich in den Anforderungen der Stellenanzeige in den Passagen in Bezug auf Führung, Weiterentwicklung und Coaching der Mitarbeiter wider. Ferner findet sich die Sozialkompetenz in den geforderten Führungsqualitäten, dem Motivationsgeschick und dem Teamgeist als auch in der Kommunikationsstärke wider.

Die strategische Kompetenz beschreibt die Umsicht und das Geschick des vorausschauenden Denkens und Planens, der Fähigkeit der Umgestaltung und des Veränderungsmanagements (vgl. Cesarz et al., 2015, S. 8). In der vorliegenden Stellenanzeige bezieht sich beispielsweise die Verantwortung für die strategische Unternehmensplanung, strategische Optimierung und Koordination sowie der Ausbau des Vertriebsnetzes auf strategische Kompetenzen.

Persönlichkeit und Authentizität umfassen die Wesenszüge und Verhalten der Person, welche die Aufgabenerfüllung ermöglichen (vgl. Cesarz et al., 2015, S. 9). Im Stellenprofil lässt sich dies in der Anforderung des souveränen Auftretens, der Flexibilität, des ausgeprägten Maß an Dynamik und der Zielstrebigkeit wiederfinden.

2.2 Führungsebene

Die Führungsebene wird in der Literatur in drei Ebenen eingeteilt: obere, mittlere und untere Führungskräfteebene. Das Topmanagement umschließt die Geschäftsführung und den Vorstand. Auf der mittleren Führungsebene finden sich Geschäftsbereichsleitung wohingegen die untere Ebene der Führung die Abteilungsleitung umfasst. Diese Einteilung in Führungsebenen kann je nach Größe des Unternehmens variieren. Die Kompetenzen, wie in Punkt 2.1 erläutert, der Führungskräfte sind gestaffelt und summieren sich je höher man in der Hierarchie steigt. Die Untere Ebene braucht vor allem operatives Wissen und Fachkompetenz. In der Mittleren Führungsebene bedarf es zusätzlich an Methodenkompetenz und einer entsprechenden Persönlichkeit. Die Obere Ebene umfasst letztendlich auch die Soziale und Strategische Kompetenz. Die Grenzen der einzelnen Ebenen und Kompetenzen sind fließend (vgl. Cesarz et al., 2015, S. 5).

Die vorliegende Stellenanzeige richtet sich an die obere Führungsebene, in welcher es strategischer und sozialer Kompetenzen bedarf. In dieser Führungsebene ist das Planen und Denken über größere Zeiträume hinweg bedeutend. Das vorausschauende Handeln gemäß Entwicklungstrends ist eine Schlüsselkompetenz der oberen Führungsebene. Die vorliegende Position umfasst das Tragen der Verantwortung für die strategische Unterneh-mensplanung sowie die strategische Optimierung und Koordination, welches dem Top-management eines Unternehmens zuzuschreiben ist. Ferner sind die geforderte soziale Kompetenz und die Persönlichkeit ein tragender Anspruch der oberen Ebene. Die Position umschließt das Führen, Coachen und Entwickeln der Mitarbeiter gepaart mit einem Motivationsgeschick, Kommunikationsstärke und Teamgeist. Natürlich bedarf es auch fachlicher und methodischer Kompetenz, welche auf dem Weg in die obere Führungs-ebene beim Durchlaufen unterer und mittlerer Führungsebenen bereits etabliert wurde.

3 Erfolgreich führen

3.1 Zentrale Grundsätze erfolgreicher Führung nach Hornig

Hornigs zentrale Grundsätze erfolgreicher Führung basieren auf der Erfüllung psychischer Grundbedürfnisse, wie beispielsweise Wertschätzung, Anerkennung, Gerechtigkeit, faire Entlohnung, persönlicher Gestaltungsspielraum oder Entwicklungsmöglichkeiten. Sein Modell der transformationalen Führung sieht den Führungserfolg in der Änderung der Einstellung der Mitarbeiter zur Arbeit. Erfolgreiche Führung basiert gemäß Hornig auf Identifikation, Inspiration, Intellektuelle Stimulierung und Individuelle Beratung. Wobei die Führungskraft in der Bringschuld gegenüber den zu Führenden steht. Folgend werden diese vier „I"s näher erläutert:

I_1 – Identifikation bedeutet, dass die Mitarbeiter nur dann hochengagiert sind, wenn sie sich mit der Führungskraft identifizieren können, diese also Vorbild und Vertrauensperson sein muss.

I_2 – Inspiration durch die Führungskraft ermöglicht Potenziale in den Mitarbeitern aufzudecken. Inspiration in der Führung schafft es, die Mitarbeiter zu motivieren und sie zu überzeugen sich über ihre Komfortzone hinauszuwagen. Die Führungskraft befähigt und stärkt („empowering") die Mitarbeiter und vermittelt ihnen gleichzeitig, dass sie auf ihrem Weg durch die Führungskraft unterstützt werden. Diese Befähigung und Unterstützungsvermittlung schafft Vertrauen, neue Wege einzuschlagen.

I_3 – Intellektuelle Stimulierung zielt auf die Vermittlung unternehmerischen Denkens ab. Der Mitarbeiter soll animiert sein, seine Talente und Erfahrungen zu nutzen und entsprechend einzubringen. Die Ermunterung zum unternehmerischen Handeln motiviert und animiert den Mitarbeiter eigene Erfahrungen anzuwenden.

I_4 – Individuelle Behandlung ist gemäß Hornig ein Erfolgsfaktor, da jeder Mitarbeiter ein Individuum mit unterschiedlicher Persönlichkeit, Fähigkeiten und Bedürfnissen ist und die Führung individuell an diese Unterschiedlichkeit angepasst sein soll (vgl. Hornung, 2016, S.56f).

3.2 Führungstheorie-Vergleich

Die zentralen Führungsgrundsätze nach Hornig (siehe Punkt 3.1) werden folglich in Bezug zu den Führungsgrundsätzen des C.O.A.C.H. – Modells von Shula und Blanchard gesetzt und deren Unterschiede und Gemeinsamkeiten herausgearbeitet. Beide Modelle basieren auf bestimmten Führungsgrundsätzen, den 4 Is nach Hornig (siehe Punkt 3.1) sowie den 5 Grundprinzipien Conviction Driven, Overlearning, Audibleready, Consistency und Honestybased nach Shula und Blanchard. Hinsichtlich dieser Theorien besitzt die Führungskraft ein gewisses Charisma, Persönlichkeit, Authentizität und ist Vorbild und Vertrauensperson. Die Führungskraft ist integer und zeigt Kongruenz im Verhalten. Bei Hornig ist der Teamführer vor allem inspirierend und als externer Coach tätig und steht in der Bringschuld wohingegen beim COACH Modell, die Führungskraft informell leitet, die Vision vorgibt und die Strategie eher selbst formt und definiert. Hornig motiviert durch „Empowerment & Entrepreneurship", das heißt er befähigt die Mitarbeiter, selbst Lösungen zu finden. Im COACH Modell versucht die Führungskraft eher selbst Schwachstellen konsequent aufzudecken und durch Übung sie zu kompensieren und kontinuierlich zu verbessern. Beide Theorien stehen für Offenheit, Transparenz und Flexibilität. Hornig verfolgt das Prinzip der individuellen Führung und sieht in der Berücksichtigung der Unterschiedlichkeit der Teammitglieder den Erfolgsschlüssel. Das COACH Modell setzt eher auf situative

Führung. Abschließend kann festgehalten werden, dass Hornig das Prinzip der transformationalen Führung verfolgt und das COACH Modell auf den partizipativen Führungsstil ausgerichtet ist.

3.3 Führungsstil

Der Führungsstil beschreibt die grundsätzliche Vorgehensweise und das Verhalten des Vorgesetzten zur Aktivierung der Mitarbeiter um gemeinsame Ziele in einem guten Arbeitsumfeld zu erreichen (vgl. Cesarz et al., 2015, S. 9). Hornig verfolgt das Konzept der transformationalen Führung. Bei diesem Führungsstil ist die Führungskraft Vorbild und Vertrauensperson. Dabei wird durch das Beachten psychologischer Grundbedürfnisse und das Vermitteln von Werten und Einstellungen durch die Führungskraft eine Leistungssteigerung angestrebt. Mitarbeiter werden vorwiegend intrinsisch motiviert. Die individuelle Entwicklung jedes Mitarbeiters wird entsprechend unterstützt (vgl. Hornung, 2016, S. 56f). Der delegierende Führungsstil des Reifegradmodells von Hersey und Blanchard, welcher auf das jeweilige Individuum und die Situation maßgeschneidert Rücksicht nimmt, kann im Sinne Hornigs als besonders leistungsförderlich angesehen werden. Der delegierende Führungsstil fokussiert grundsätzlich zwei Aufgaben, nämlich führen und entwickeln, welche auch für Hornig zentrale Erfolgsfaktoren seines transformationalen Führungsstiles sind. Ferner fokussiert dieses zweidimensionale Modell auf die individuellen Unterschiede der Mitarbeiter. Einerseits liegt der Fokus auf den fachlichen und technischen Fähigkeiten, eine Aufgabe erfüllen zu können, andererseits wird auch die psychologischen Reife des jeweiligen Mitarbeiters berücksichtigt. Der delegierende Führungsstil der Führungskraft passt sich je nach Aufgaben und Beziehungsorientierung entsprechend individuell an. Mitarbeiter, welche einen hohen aufgabenrelevanten und beziehungsrelevanten Reifegrad erreicht haben, können gemäß Hersey und Blanchard mittels dem delegierenden Stil geführt werden. Auf dieser höchsten Stufe des Reifegradmodells heißt das somit sogar Verzicht auf Führung. Die Führungskraft, ist wie bei Hornig, Vorbild und Vertrauensperson. Sie inspiriert, befähigt, motiviert und begleitet. Die Führungskraft hat eine klare Personalentwicklungsaufgabe, wie es auch Hornig erwähnt (vgl. Cesarz et al., 2015, S. 18ff).

4 Fachkräftemangel im Gesundheitswesen

4.1 Ursachenspektrum des Fachkräftemangels

Die Ursachen des Fachkräftemangels im Gesundheitswesen sind vielfältig. Gemäß der Bundesagentur für Arbeit gibt es ein breite Palette an Faktoren: der demografische Wandel, die voranschreitende Digitalisierung, der medizintechnische Fortschritt, die hohe Einstellungsbereitschaft der Unternehmen, die gebotenen Arbeitsplatzbedingungen oder die kontinuierlich steigende Erwerbstätigkeit. Diese Beispiele sind grundlegende Faktoren, die zu Engpässen am Arbeitsmarkt im Gesundheitswesen führen können. Der Wandlungsprozess von Menschen und Märkten verändert die Arbeitswelt. Die demografischen Entwicklungen ändern die Altersstruktur der Erwerbstätigen, wie beispielsweise der Anstieg der Erwerbstätigen der Generation 50+ bei gleichzeitigen Abstieg der Erwerbstätigkeit der Generation der 15 bis 29jährigen oder die Erweiterung der Altersspannbreite in der Beschäftigungsstruktur. Der demografische Wandel steigert den Bedarf am Gesundheitsmarkt und somit den Bedarf an Erwerbstätigen im Gesundheitswesen, welcher nicht gedeckt langfristig gesehen zurzeit nicht gedeckt werden kann (vgl. BA, 2016, S. 5). Ferner haben die Generationenkonzepte einen Einfluss auf den Fachkräftemangel. Generationen, wie die Baby Boomer, die Generation X, Y oder Z haben unterschiedliche Wünsche, Prägungen, Motivationen und Arbeitsausrichtungen (vgl. Cesarz et al., 2015, S. 26ff.). Gemäß dem Institut für Arbeitsmarkt und Berufsforschung weisen Fachkräfte einen akademischen Hochschulabschluss, eine abgeschlossene Lehre oder einen Abschluss als Meister, Techniker oder Fachwirt auf. Institutionelle Rahmenbedingungen, wie beispielsweise der Numerus Clausus sind auch Einflussgrößen des Fachkräftemangels, welche den Zugang zu Universitäten und Ausbildungen erschweren. Ein weiterer Faktor sind die ungenügenden und schwierigen Arbeitsbedingungen in Bereichen des Gesundheitswesens (vgl. PWC, 2016, S. 17ff).

4.2 Maßnahmen der Personalentwicklung

Die Personalentwicklung umfasst nicht nur die klassische Aus-, Fort- und Weiterbildung, mit dem Ziel der Kompetenzerweiterung, sondern auch die Förderung durch Leistung- und Potentialbeurteilung, das Aufstellen von Entwicklungsplänen oder die Etablierung von Führungskräftenachwuchsprogrammen (vgl. Mundt-Neugebauer, 2016, S. 16). Um der Entwicklung des Fachkräftemangels im Gesundheitswesen proaktiv begegnen zu können werden nachfolgend für den Personalentwicklungsbereich der Weiterbildung zwei konkrete Maßnahmen vorgestellt. Die Maßnahmen richten sich einerseits an die Zielgruppe der Generation 50+ und andererseits an die Zielgruppe der Generation Y. Ferner werden entsprechende Umsetzungsvorschläge gebracht und das Ziel der jeweiligen Maßnahme erläutert. Maßnahme 1 – Stärkung der Sozialen Kompetenz der Generation Y: Im Bereich der Weiterbildung werden gesundheitsbereichsspezifische Seminare unternehmensintern und berufsbegleitend angeboten. Dieses Schulungsangebot für die Generation Y hat zum Ziel, unternehmensextern zur Image-Bildung beizutragen und das Ansehen am Arbeitsmarkt, in der entsprechenden Region und im entsprechenden Gesundheitsbereich zu stärken. Positive Imagebildung ist zukünftig von tragender Rolle, um Fachkräfte anzuwerben und rekrutieren zu können. Konkret werden für die Zielgruppe der Generation Y Seminare zum Thema Generationenvielfalt jobbegleitend angeboten. Diese Spezialkurse, welche beispielsweise Kommunikation, Kollaboration oder Konfliktmanagement umfassen, schließen mit Zertifizierungen ab. Diese Kompetenzerweiterung ergänzt das operationelle Fachwissen und ermöglicht den Auszubildenden ihre sozialen Kompetenzen zu erweitern und Erfahrungen zu sammeln. Da zukünftig in einem Betrieb, aufgrund der Auswirkungen des demografischen Wandels, mehrere Generationen zusammenarbeiten, stellt diese Zusatzausbildung eine erweiterte Kompetenz im Umgang mit unterschiedlichen Generationen und Profilen dar. Diese Kompetenz, die berufsgruppenübergreifende Relevanz hat, trägt auch nachhaltig zum Image des Unternehmens bei und dient somit zur Sicherung der Wettbewerbsfähigkeit, durch die Abgrenzung zu anderen Unternehmen.

Maßnahme 2 – Digitalisierungskompetenz der Generation 50+: Für die Zielgruppe der Generation 50+ werden im Bereich der IT spezifische Kurse angeboten, um diese Generation, welche in ihrer Grundausbildung und Berufslaufbahn von der Digitalisierung nicht betroffen war, auf die neuen Kommunikationsmöglichkeiten, Arbeitsmethoden und Mechanismen einzuschulen und sie damit vertraut zu machen. Diese IT-Kurse werden unternehmensintern mit Mitarbeitern der Generation Y durchgeführt, welches zur Kommunikation innerhalb von Generationen beiträgt, die jungen Mitarbeiter stolz macht, da sie als Berufserfahrungsnovizen auch Wissen weitergeben können. Diese intern organisierten Schulungstage sind auch vom Kostenfaktor günstig umsetzbar. Diese Maßnahme hat zum Ziel, den Zusammenhalt der Generationen zu stärken. Ferner zielt sie darauf ab, älteren Generationen den Umgang mit den neuen Medien spielerisch zu vermitteln und diese längerfristig erwerbsfit zu halten. Ferner hat diese Maßnahme, die Motivation der Generation Y zum Ziel, welche zum Wissenstransfer ermuntert werden. Letztendlich zielt diese Maßnahme darauf ab, Generationenkonflikten vorzubeugen und nachhaltig das Ausbilden des sozialen Zusammenhalts zu stärken, welches sich auf Mitarbeiterzufriedenheit und Image des Unternehmens positiv auswirkt.

Diese Demografie orientierten Maßnahmen wirken einen Fachkräftemangel entgegen. Sie fördern den Kompetenzerhalt der älteren Belegschaft und die Motivation der Generation Y, welches das Binden an das Unternehmen ermöglicht. Ein positives Image positioniert das Unternehmen entsprechend am Markt. Ein positives Image steigert die Unternehmensattraktivität und den ermöglicht den Kampf und Fachkräfte zu gewinnen.

5 Unternehmenskultur und Führung

5.1 Beurteilung der DU-Kultur des Ottokonzerns

Im Zeitalter der Informations- und Dienstleistungsgesellschaft ist sowohl das Wissen, als auch der Faktor Mensch als Wissensträger ein relevanter Faktor (vgl. Mundt-Neugebauer, 2016, s. 1). Die jungen Erwerbstätigen, die Generation Why, wuchs in einer vernetzten Wissensgesellschaft auf. Sie lehnen Hierarchien ab und meiden Reglementierungen und suchen eine berufliche Position, in der sie ihren selbstbestimmten Beitrag leisten können um ihr Bedürfnis nach Anerkennung zu stillen. Sie setzen auf Gleichberechtigung und globale Vernetzung mittels sozialer Medien (vgl. Cesarz et al., 2015, S. 27ff.). Das frische jugendorientierte Anbot des DU-Wortes durch den OTTO Konzern Vorstand ist ein positiver Beitrag im Sinne der jungen Erwerbstätigen, welche soziale Interventionen fördert. Das Du-Anbot trägt zum positiven freien Umgang miteinander bei und fördert eine normfreie Umgebung. Ein lockerer Umgang fördert den Umgang, motiviert und ermöglicht positiven Ideenaustausch. Im Zeitalter des demografischen Wandels und des resultierenden Kulturwandels besteht andererseits auch ein Risiko im Hinblick der etablierten familiären Umgebung und der älteren Erwerbstätigen, welche historisch an Reglementierungen und Hierarchien gewöhnt sind. Durch diese beiden unterschiedlichen Erwartungen kann es zu Konfliktpotential kommen. Ferner trägt ein lockeres Arbeitsumfeld, durch das DU-Wort, welche sehr freundschaftlich ist, zu einem gewissen informativen Erwartungszwang bei. Mitarbeiter sind eventuell angehalten, auch im privaten Umfeld und ihrer Freizeit unternehmensspezifische Telefonate zu führen, E-mails zu beantworten und für Firmenangelegenheiten auch in der Freizeit bereit zu stehen.

5.2 Das DU-Wort aus Sicht der Unternehmenskultur und Führung

Die Vision des OTTO Konzerns, setzt auf Nachhaltigkeit und verbindet Mensch und Natur, die Mission „Kraft der Verantwortung" fordert die Mitarbeiter auf, innovativ, effektiv, nachhaltig und vielfältig zu agieren und setzt auf soziale und ökologische Verantwortung (vgl. otto group, 2015, S. 4). Die umgesetzte DU-Wort Kultur ist ein taktischer Zug und ein gezielter Eingriff in die bestehende Unternehmenskultur. Im Zeitalter der Digitalisierung und Schnelllebigkeit ist es ein Zeichen weg von Hierarchien hinzu flachen Organisationen, welche durch flache Hierarchien effizient sind. Das Du-Wort überträgt sich nicht nur auf die interne Unternehmenskultur, sondern kann im Sinne des Employer-Brandings auch Auswirkungen auf die Kunden, Stake- und Shareholder haben. In Bezug auf die Führung, respektive den Führungsstil, zielt verfolgt eine etablierte DU-Kultur, einen partizipativen Führungsstil. Der Vorgesetzte ist Vorbild und Vertrauensperson. Mit diesem Angebot, werden Hierarchien verflacht und vor allem junge Erwerbstätige angesprochen und motiviert sich in das Unternehmensgeschehen proaktiv einzubinden. Persönlichkeit und Authentizität der Führungsmannschaft ist ein tragender Erfolgsfaktor. Eine offene, lockere, direkte Unternehmenskultur kann Wettbewerbsfähigkeit steigern und zum Diversity Mangement beitragen, indem man sich für Gleichberechtigung einsetzt.

Literaturverzeichnis

AOK Niedersachsen (2016). *Geschäftsbericht 2015.* https://niedersachsen.aok.de/ fileadmin/user_upload/AOK-Niedersachsen/05-Content-PDF/Geschaefts bericht-AOK-Niedersachsen.pdf (20.03.2017).

Bundesagentur für Arbeit (BA) (2016). *Blickpunkt Arbeitsmarkt – Fachkräfteengpassanalyse.* https://statistik.arbeitsagentur.de/Statischer-Content/Arbeitsmarktberichte/Fachkraeftebedarf-Stellen/Fachkraefte/BA-FK-Engpassanalyse-2016-12.pdf (20.03.2017).

Cesarz, M.; Schaaf, A.; Mundt-Neugebauer, A. (2015). *Personalführung,* HRMAH06. Studienheft der APOLLON Hochschule der Gesundheitswirtschaft, Bremen.

Hornung, S. (2016). *Profis machen bei der Arbeit „gehirngerechte" Pausen.* In: Wirtschaft + Weiterbildung. Heft 04 2016. S.56 – 57. https://www.haufe.de/download/ wirtschaft-weiterbildung-ausgabe-42016-wirtschaft-weiterbildung-344606.pdf (20.03.2017).

Mundt-Neugebauer, A. (2016). *Personalentwicklung,* HRMAH05. Studienheft der APOLLON Hochschule der Gesundheitswirtschaft, Bremen.

otto group (2015). Unterwegs. Bericht zur *Nachhaltigkeitsbericht* unserer Wertschöpfung 2015. http://www.ottogroup.com/media/docs/de/Nachhaltigkeitsbericht/0001-Otto-Group-CR-Report-2015.pdf (20.03.2017).

Price Waterhouse Coopers (PWC) (2016). *Fachkräftemangel. Stationärer und ambulanter Bereich bis zum Jahr 2030.* http://www.pwc.de/de/gesundheitswesen-und-pharma/assets/fachkraeftemangel.pdf (20.03.2017).

Wirtschaftswoche (2016). Otto-Vorstand bietet 53.000 Mitarbeitern das Du an. http://www.wiwo.de/unternehmen/handel/otto-otto-vorstand-bietet-53-000-mitarbeitern-das-du-an/13014904.html (20.03.2017).

Abbildungsverzeichnis